사회 계급이
뭐예요?

내일을 위한 책 ❷

사회 계급이 뭐예요?

플란텔 팀 글·호안 네그레스콜로르 그림·김정하 옮김·배성호 추천

추천의 글

한 권의 책을 통해 새로운 세상과 마주하는 여행을 하는 것은 참 매력적이에요. 바로 이 책이 담긴 '내일을 위한 책' 시리즈가 그렇습니다. 익숙하지만 그간 관심을 기울이지 못했던 우리 사회와 드넓은 세상을 새롭게 보는 길동무가 되어 주는 책이거든요.

사실 이 책은 유럽의 스페인이라는 나라에서 40여 년 전에 처음 나왔어요. 그런데 신기하게도 우리가 발 딛고 살아가는 오늘날 대한민국의 모습뿐 아니라 세계 여러 나라의 모습을 흥미롭게 살펴볼 수 있게 해 준답니다. 책을 펼쳐 보면 눈길을 확 끄는 재밌으면서도 생각을 열어 주는 그림들과 생생하게 마주할 수 있기 때문이에요.

그림과 함께 어우러진 글을 읽노라면 어느새 우리가 낯설게만 느꼈던 독재, 민주주의, 사회 계급, 여자와 남자(양성평등)라는 주제가 쉽고 재미있게 다가옵니다. 그런데 이 주제들은 책 속에서만 마주하는 이야기가 아니랍니다. 바로 지금 친구들과 함께하는 교실 속에서, 또 가족과 함께하는 집에서 언제든 마주할 수 있는 일들이지요.

친구들과 함께 놀 때 누군가의 의견만을 따른다면 기분이 좋지 않을 수 있어요. 서로 의견을 모아서 즐겁게 함께 할 것을 생각하면 좋지만, 힘이 세다는 이유만으로 같이 할 놀이가 결정되면 기분이 좋지 않을 수 있지요. 가족과 함께 외식이나 여행을 갈 때도 마찬가지예요. 서로 의견을 모아서 장소를 정하고 메뉴를 정한다면 훨씬 재밌으면서도 기분이 좋을 것 같아요.

그리고 남자라는 이유로, 또 여자라는 이유로 차별하는 것은 잘못된 생각이에요. 하지만 생활 속에서 종종 '남자가, 여자가'라는 말을 하면서 알게 모르게 여자와 남자에 대한 편견을 갖고 있는 경우도 있어요. '흙수저', '금수저'라는 말처럼 어떤 집에서 태어났느냐에 따라서 차별을 하고 또 새롭게 도전을 할 수 있는 기회마저 주지 않는 것도 바람직하지 않아요.

이 책에서 다루는 주제들은 사람들이 더불어 행복하게 살아가기 위해서 꼭 필요한 내용들이에요. 힘센 사람이 제멋대로만 해서도 안 되고, 신분이 높다고 해서 또 남자라고, 여자라고 해서 차별하는 것도 바람직하지 않아요. 민주주의를 열어 가기 위해서는 생활 속에서 다름을 인정하고, 서로 의견을 모으고 존중하는 것이 필요합니다.

이 책을 읽으면서 여러분들이 만들어 가고 싶은 내일은 어떤 모습인지 떠올려 보면 어떨까요? 여러 뜻 빛깔을 머금은 주제별 그림들을 보는 것만으로도 좋지만, 함께 곁들인 글들을 보고 있노라면 시공간을 넘나드는 이 책의 매력에 흠뻑 빠져들 수 있거든요. 그럼 흥미진진한 책 속 그림과 글들을 읽으면서 자연스럽게 우리가 꿈꾸고 만들어 가고 싶은 세상을 찾아 떠나 볼까요.

배성호 전국초등사회교과모임 공동 대표

모든 사람은 평등하다고 해요.
하지만 사람들을 불평등하게 만드는 것이 있어요.

힘

권력

돈

그리고 문화 같은 것들이에요.

오랜 옛날부터
힘 있는 몇몇 사람이 힘없는 사람을 지배해 왔어요.

힘없는 사람은 힘 있는 사람을 위해 일하고, 생각하고, 발명해야 했어요.
힘 있는 사람은 부자가 되고, 힘없는 사람은 가난해졌어요.
힘 있는 사람은 지배를 하고, 힘없는 사람은 지배를 받게 된 거예요.

부자의 아이는 부자로 태어나요.
가난한 사람의 아이는 가난하게 태어나요.

어떤 아이는 비싼 학교에 다녀요.
대부분의 아이는 동네 학교에 다녀요.

어떤 아이는 자라서 대학에 가고

어떤 아이는 돈을 벌어야 해요.
어떤 집에서 태어났는지, 돈이 많은지 적은지,
어떤 학교를 나왔는지, 어떤 사람들과 어울리는지에 따라

직업이

달라질 수 있어요.

상류 계급은
땅과 공장과 돈의 주인이에요.
심지어 노동자의 주인이기도 해요.
그들에게 돈을 주니까요.

나랏일도 좌지우지할 수 있으니까요.

자기들이 원하는 사람을 자리에 앉히기도 하고 물러나게도 해요.
계속 잘살기 위해서요.

상류 계급은 새장과 같아요.
들어가는 것은 거의 불가능하고
아무도 밖으로 나오고 싶어 하지 않는 새장이요.

모든 것을 자신들끼리 나누어 갖기 위해
계속 소수로 남아 있기를 원해요.

상류 계급은 행동과 생각이 보수적이에요. 변화를 싫어하지요.
모든 것이 지금 그대로이기를 바라기 때문이에요.

중간 계급은
모든 면에서 중간이에요.

부자는 아니지만
가난하지도 않아요.

결정을 하는 사람들은 아니지만
복종만 하는 사람들도 아니에요.

위에서 시키는 일을 하지만
아랫사람들에게 명령을 내리기도 해요.

중간 계급은 어느 정도 재산을 가지고 있어요.
약간의 차이는 있지만요.

어떤 집은 조금 더 벌고,
어떤 집은 조금 덜 벌어요.

중간 계급은
더 많은 권력과 부를 원해요.
상류 계급이 되고 싶어 해요.

중간 계급은 겁이 많아요.

부자들을 두려워해요.
자신들의 주인이거든요.

가난한 사람들도 두려워해요.
자신들의 자리를 빼앗길까 봐서요.

중간 계급은 앞으로도 변함없이
지금만큼은 살기를 바라요.
그 때문에 다른 사람이 더 못살게 되더라도 말이에요.

그런데 대부분의 사람은
상류 계급도, 중간 계급도 아니에요.
노동자 계급이에요.

상류 계급과 중간 계급은
노동자 계급을 하층 계급이라고 불러요.

노동자 계급이 돈을 조금밖에 못 벌기 때문이에요.

노동자 계급은
힘이 없는 것처럼 보이지만
자신들이 힘을 합하면
강해질 수 있다는 걸 알고 있어요.

사회 계급이 존재하는 한

계급 간의 갈등은 계속될 거예요.

부자들은 계속 부자이기를 원하고
가난한 사람들은 가난에서 벗어나기를 원하니까요.

사회 계급에 대해 생각해 보기

1. 여러분은 어떤 계급에 속한다고 생각하나요?

2. 여러분은 어떤 계급에 속하고 싶나요?

3. 계급이 없는 사회가 더 공정하다고 생각하나요? 왜 그렇게 생각하나요?

4. 계급이 없는 사회에서 더 행복할 수 있다고 생각하나요? 왜 그렇게 생각하나요?

5. 모든 사람의 평등을 위해 정직하게 일하는 정당이 있다고 믿나요?
   왜 그렇게 생각하나요?

6. 생활 속에서 사회 계급을 느낀 적이 있나요? 언제, 왜 그렇게 느꼈나요?

7. 신분 등에 따른 차별 없이 더불어 행복하게 살기 위해 필요한 것은 무엇인지 여러분의 생각을 써 보세요.

8. 사회 계급에 대한 여러분의 생각을 써 보세요.

사회 계급의 어제와 오늘

1978년에 이 책이 처음 나온 뒤로 수많은 일들이 일어났어요. 많은 사람이 태어났고 또 많은 사람이 세상을 떠났지요.

사람들의 삶도 그때와는 많이 달라졌어요. 하지만 조금만 주의를 기울여 보면, 그렇게 많이 달라지진 않았다는 것을 알 수 있어요. 마땅히 변해야 할 것들이 전혀 변하지 않은 채로 남아 있다는 것도 알게 되지요. 분명한 것은 아직도 사람들 사이에 수많은 차이가 존재하고, 우리는 계속해서 사회 계급에 대한 이야기를 한다는 사실이에요.

40여 년 전에 나온 책과 이 책은 그림이 달라요. 예전에는 옷차림만으로도 상류 계급인지 노동자 계급인지를 알 수 있었기 때문에 계급에 따라 옷을 구분지어 그렸어요. 그러나 지금은 모두 비슷하게 옷을 입기 때문에 그림을 새롭게 그려 넣었어요.

그때나 지금이나 달라지지 않은 건, 스스로를 다른 사람과 달라 보이게 하기 위해 값비싼 것을 갖고 싶어 하는 부자들의 욕심뿐이에요. 그래서 지나치게 화려한 자동차, 집보다도 더 큰 요트, 궁전 같은 빌라 그리고 개인 소유 섬의 개인 비행장에 착륙하는 자가용 비행기까지 등장하게 되었어요.

이 책이 처음 나왔을 무렵, 사람들은 앞으로 부자와 가난한 사람 사이의 차이가 점점 줄어들고 평등한 세상이 올 것이라고 꿈을 꾸었어요. 하지만 그 바람과는 반대로, 최근 들어 차이는 더욱 심해졌어요. 중간 계급의 사람들이 말도 안 되게 가난해졌고 수많은 노동자 계급의 사람들이 일자리를 찾지 못하고 있지요. 안타깝지만 이것이 현실이에요. 평등한 세상은 언제쯤 이루어질까요?

그림 **호안 네그레스콜로르**

1978년 스페인 바르셀로나에서 태어남

광고와 신문, 어린이 책과 다른 책들, 그리고 장난감에도 그림을 그립니다. 애니메이션 작업도 하고 있습니다. 각각의 작업을 할 때마다 자신의 직업에 대해 재미있는 것을 새롭게 배우곤 합니다. 또한 자신이 사는 도시를 더 살 만한 곳으로 만들기를 원하는 여러 공동체들과 함께 공동 작업을 합니다. 다른 사람들을 위한 그림을 그리지 않을 때에는 자신만을 위한 그림을 그립니다. 멕시코에 다녀왔는데, 스케치북과 각종 종이에 손으로 그린 그림들을 가득 채워서 돌아왔습니다. 최근에 작업한 모든 것은 아들 아메츠를 위한 작품들인데, 아메츠는 호안이 이 책의 그림을 그리는 동안 태어났습니다. 그리고 호안은 이 책이 처음 나오던 해에 태어났습니다.

글 플란텔 팀
내일의 주인공인 어린이들에게 도움이 되는 책을 만들기 위해 만들어진 기획팀입니다. 1977년과 1978년에 걸쳐 스페인 바르셀로나의 라 가야 과학출판사에서 '내일을 위한 책' 시리즈를 처음 출간하였습니다. 그 당시 스페인은 독재자 프랑코가 사망한 지 몇 년 지나지 않은 시기였고, 민주화를 위한 첫 변화들이 탄생하는 과도기를 겪고 있습니다. 그러한 시기에, 독재, 사회 계급, 민주주의, 양성평등이라는 사회적, 정치적으로 중요한 주제를 어린이들에게 쉽지만 명확하게 전달하고 어린이들이 만들어가야 할 내일의 사회는 어떠해야 하는지를 진지하게 고민해 보도록 이끌기 위하여 '내일을 위한 책' 시리즈를 기획하고 집필하였습니다. 40여 년 전에 처음 출간된 이 책을 읽으면서 그다지 낯설다는 느낌이 들지 않는다면 그것은 그 내일이 아직도 오늘이 아니기 때문일 것입니다. 아직도 늦지 않았기만을 바랄 뿐입니다.

옮김 김정하
한국외국어대학교와 대학원, 스페인 마드리드 콤플루텐세대학교에서 스페인 문학을 공부했습니다. 스페인어로 된 재미있는 책들을 읽고 감상하고 우리말로 옮기는 일을 하고 있습니다. 옮긴 책으로 《숲은 나무를 기억해요》, 《집으로 가는 길》, 《아버지의 그림 편지》, 《카프카와 인형의 여행》, 《가브리엘라 미스트랄 시리즈》(전4권) 등이 있습니다.

추천 배성호
드넓은 세상에서 아이들이 건강하고 행복하게 성장하길 바라는 초등학교 선생님입니다. 초등 사회교과서 편찬위원, 국립중앙박물관 학교연계교육 자문위원을 지냈으며 지금은 초등 사회교과서 집필 위원과 전국초등사회교과모임 공동 대표, 팟캐스트 〈별별 경제 이야기〉 진행을 맡고 있습니다. 지은 책으로는 《우리나라가 100명의 마을이라면》, 《두근두근 한국사》(공저), 《우리가 박물관을 바꿨어요!》 등이 있습니다.

내일을 위한 책 ❷

사회 계급이 뭐예요?

초판 1쇄 발행 2017년 1월 20일 | **초판 8쇄 발행** 2022년 3월 11일
글 플란텔 팀 | **그림** 호안 네그레스콜로르 | **옮김** 김정하 | **추천** 배성호
펴낸이 홍석 | **이사** 홍성우 | **편집부장** 이정은 | **편집** 조웅연 · 박고은 · 이은경 | **디자인** 나비
마케팅 이송희 · 한유리 · 이민재 | **관리** 최우리 · 김정선 · 정원경 · 홍보람 · 조영행
펴낸곳 도서출판 풀빛 | **등록** 1979년 3월 6일 제2021-000055호
주소 서울특별시 강서구 양천로 583 우림블루나인 A동 21층 2110호 | **전화** 02-363-5995(영업) 02-362-8900(편집) | **팩스** 070-4275-0445
전자우편 kids@pulbit.co.kr | **홈페이지** www.pulbit.co.kr | **블로그** blog.naver.com/pulbitbooks | **인스타그램** instagram.com/pulbitkids

ISBN 978-89-7474-135-8 74300
ISBN 978-89-7474-127-3 (세트)

이 도서의 국립중앙도서관 출판예정도서목록(CIP)은 서지정보유통지원시스템홈페이지(http://seoji.nl.go.kr)와
국가자료공동목록시스템(http://www.nl.go.kr/kolisnet)에서 이용하실 수 있습니다.(CIP제어번호: CIP2016030044)

Original title: **Hay clases sociales**
Copyright ⓒ for the text: Equipo Plantel, 1978
Copyright ⓒ for the illustrations: Joan Negrescolor, 2015
Copyright ⓒ for the original Spanish edition: Media Vaca, 2015
These books, with illustrations by L.F. Santamaria, were published originally by La Gaya Ciencia in Barcelona in 1977–1978

Korean Translation Copyright ⓒ 2017 by PULBIT Publishing Co.
All rights reserved.
The Korean language edition published by arrangement with
MEDIA VACA through MOMO Agency, Seoul.

이 책의 한국어판 저작권은 모모 에이전시를 통해 MEDIA VACA 사와의 독점 계약으로 도서출판 풀빛에 있습니다.
저작권법에 의해 한국 내에서 보호를 받는 저작물이므로 무단전재와 무단복제를 금합니다.

제품명 아동 도서	**제조년월** 2022년 3월 11일	**사용연령** 8세 이상
제조자명 도서출판 풀빛	**제조국명** 대한민국	**전화번호** 02-363-5995
주소 서울특별시 강서구 양천로 583 우림블루나인 A동 21층 2110호	
KC마크는 이 제품이 공통안전기준에 적합하였음을 의미합니다.	

⚠ **주의**
종이에 베이거나 긁히지
않도록 조심하세요.
책 모서리가 날카로우니
던지거나 떨어뜨리지 마세요.